¡PRACTIQUEMOS DEPORTES!

EL TENIS

por Tessa Kenan

TABLA DE CONTENIDO

tadpole en español

PALABRAS A SABER

cancha

golpeamos

pelota

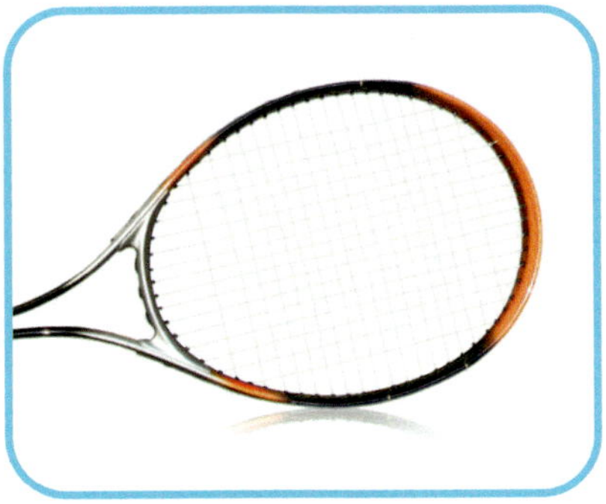

raqueta

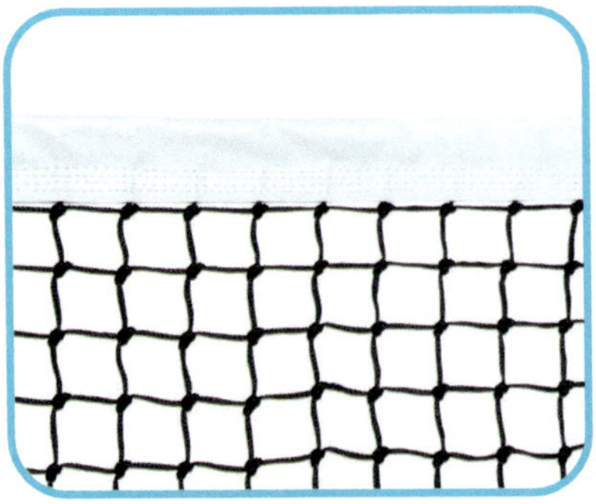

red

sirve

¡JUGUEMOS!

¡Juguemos al tenis!

Nosotros jugamos en una cancha.

Hay una red en la mitad.

La pelota es amarilla.

La golpeamos con una raqueta.

Ella sirve la pelota.

La pelota vuela sobre la red.

Él le devuelve la pelota.

¡El tenis es divertido!

¿Quieres jugar?

¡REPASEMOS!

¿Qué está haciendo esta jugadora de tenis?

ÍNDICE